# Serpientes y lagartos

por Ellen Catala

Consultant: Robyn Barbiers, D.V.M., General Curator, Lincoln Park Zoo

### Yellow Umbrella Books
Science - Spanish

an imprint of Capstone Press
Mankato, Minnesota

# Los reptiles

¿En qué se parecen una serpiente y un lagarto?
¡Los dos son reptiles!

Los reptiles son un tipo de animal. Tienen una espina dorsal y piel escamosa. Los reptiles respiran aire.

# El calor del cuerpo

Los reptiles son de sangre fría.
Ellos no controlan el calor
de su cuerpo.

Necesitan el sol para calentarse.
Necesitan la sombra
para refrescarse.

# El olfato

Los reptiles huelen cosas en una manera especial. ¡Usan sus lenguas!

Su lengua entra y sale de su boca con rapidez. Reconoce un olor. La boca sabe si el olor es de un enemigo o una presa.

# Cambiar la piel

Los reptiles cambian su piel. La piel nueva está debajo de la piel vieja.

Las serpientes salen de su piel en una vez. Salen de su piel vieja como un pie saliendo de un calcetín. Los lagartos cambian su piel poco a poco.

# Las patas

Las serpientes y los lagartos también son diferentes.
¡Una diferencia son las patas!

Casi todos los lagartos tienen patas. Las serpientes no las tienen. Ellas tuercen su cuerpo para moverse.

# Los párpados

Casi todos los lagartos tienen párpados. Pueden abrir y cerrar los párpados.

Las serpientes no tienen párpados. Sus ojos siempre están abiertos. Una escama transparente protege sus ojos.

# El oído

Las serpientes y los lagartos no oyen de la misma manera. Los lagartos tienen orificios exteriores para oír.

Las serpientes no tienen orificios exteriores.
Sienten las vibraciones del suelo.

Aprende más acerca
de las serpientes y los lagartos.
Ve que más puedes descubrir.